ACREDITE
ACREDITE
ACREDITE
ACREDITE
ACREDITE
**ACREDITE
SE QUISER**

Copyright© 2018 by Literare Books International
Todos os direitos desta edição são reservados à Literare Books International.

Presidente:
Mauricio Sita

Capa:
Lucas Chagas

Diagramação e projeto gráfico:
Nathália Parente

Revisão:
Daniel Muzitano

Diretora de projetos:
Gleide Santos

Diretora de operações:
Alessandra Ksenhuck

Diretora executiva:
Julyana Rosa

Relacionamento com o cliente:
Claudia Pires

Impressão:
Epecê

Dados Internacionais de Catalogação na Publicação (CIP)
(Câmara Brasileira do Livro, SP, Brasil)

```
Veloso, Alicia
    Acredite se quiser / Alicia Veloso. -- São Paulo :
Literare Books International, 2018.

    ISBN 978-85-9455-097-2

    1. Autoajuda 2. Autoconhecimento 3. Conduta de
vida 4. Crescimento pessoal 5. Motivação
6. Reflexões 7. Superação I. Título.

18-18355                                    CDD-158
```

Índices para catálogo sistemático:

1. Conduta de vida : Autoajuda : Psicologia aplicada
   158

Cibele Maria Dias - Bibliotecária - CRB-8/9427

Literare Books International Ltda
Rua Antônio Augusto Covello, 472 – Vila Mariana – São Paulo, SP
CEP 01550-060
Fone/fax: (0**11) 2659-0968
site: www.literarebooks.com.br
e-mail: literare@literarebooks.com.br

Dedicatória

Dedico este livro a duas pessoas que fazem a minha vida ter uma luz especial, mesmo que muitas vezes no âmago de eu querer cumprir com tudo o que acredito ser importante e urgente resolver, isto é, peco pelas priorizações equivocadas.

Em primeiro lugar, à minha mãe. Sem o fervor de fé que ela sempre possui seria impossível ter chegado a esta oportunidade de uma nova encarnação. Assim sendo, mãe, registro a minha gratidão por ter me acolhido no seu ventre e por ter me chamado para voltar e compartilhar contigo uma nova vivência. Peço desculpas por não ser tudo o que você merece, mas saiba que a amo infinitamente.

Em segundo lugar, à minha filha; minha pequena bailarina pela qual tantas vezes devo pedir para que a mãe possa se concentrar! Grosso modo, chamei a minha filha também para que voltasse a esta Terra, de modo a compartilhar comigo, com o seu pai e com a sua avó materna outra chance de melhorar a sua evolução espiritual. Também te amo infinitamente!

Logo, devo dedicar este livro a uma pessoa especial e que me fez amar o que estou fazendo: minha mentora e querida Márcia Luz.

Dedico à vida, que por sua vez me ensina a cada dia o quanto me resta por aprender e fazer. Dedico estas palavras a todos aqueles que têm colocado provas em meu caminho. Essas provas só me fizeram chegar até aqui!

Agradecimentos

Esta é uma etapa difícil porque a gratidão é um sentimento tão profundo e direcionado a tantas pessoas, a tantos eventos e a tantas coisas que eu não desejo esquecer de ninguém e de nada. À minha família, eu fiz a dedicatória.

Agora, tenho que fazer uma "dedicação" especial para a *coach* Márcia Luz – peço desculpas caso erre no modo como me dirijo a você – uma pessoa iluminada que me trouxe a possibilidade de eu me realizar como *coach* palestrante. Logo, como em uma sincronicidade, comecei o curso "A gratidão transforma" e a sua continuação, ou seja, "A gratidão transforma seus pensamentos". Posso assegurar que sentir gratidão e fazer a jornada da gratidão são fatores que levam o nosso espírito a ser desvencilhado de tantas mazelas acumuladas ao longo dos milênios, o que pode modificar drasticamente para o bem o desenrolar dos fatos dessa encarnação (porque eu acredito na existência do espírito e nas muitas vidas que Deus nos oferece para aprimorar a nossa essência), sem querer de forma nenhuma faltar com o respeito a qualquer outra crença.

Assim, que gratidão tenho a ti, Márcia, pela tua tenacidade em nos ajudar a sermos pessoas melhores, e, por fim, gratidão ao grupo, que se torna uma grande família de apoio mútuo e de sonhos compartilhados.

Agradeço também ao CEO Clailton Luiz da Empresa Line Coaching, por ter me levado pela mão para o mundo do *coaching*. Certamente o dia que a sincronicidade me fez encontrar este aprendizado, estava já escrito que muitas responsabilidades viriam, principalmente esta. Esse espírito iluminado faz a diferença na vida de muitos de nós.

Não poderia deixar de lembrar de duas pessoas, pelas quais aprendi a ter sumo respeito, admiração e, principalmente, carinho infinito: as *coaches* Milla Carvalho e Gláucia Letícia (da família Line). Gratidão a vocês por me permitirem fazer parte de seus sonhos, risos, lágrimas, emoções e longas e cálidas conversas. Deus as abençoe (e abençoe a cada maravilhosa alma que tenho encontrado nesta estrada da vida).

Gratidão às pessoas que tornam possível esta realização.

Gratidão a Deus que me proporciona a oportunidade e a capacidade de extravasar a minha alma nessas singelas palavras, conhecimentos e experiências.

Que Deus abençoe a cada alma que está lendo este livro, de modo que cada uma possa encontrar uma brecha de luz e dar um novo sentido à sua existência.

Coach Alicia Veloso

Sumário

Prefácio..................9

Dica 1..................11
Aprenda a conviver consigo mesmo

Dica 2..................21
Deixe de colocar suas expectativas nos outros e nas coisas

Dica 3..................27
Mergulhe no seu interior sem medo de ser feliz

Dica 4..................31
Policie seus pensamentos e palavras

Dica 5..................43
Despeje seu lixo mental

Dica 6..................49
Faça uma sessão sanadora para voltar a se apaixonar por você mesmo

Dica 7..................57
Faça uma lista das coisas que você deseja alcançar

Dica 8..................65
Gerencie suas atividades de forma salutar

Dica 9..73
Perdoe-se e perdoe aos outros

Dica 10..79
Ajude a outra pessoa a percorrer este mesmo trajeto

Bibliografia..95

Prefácio

Em primeira instância, devo explicar que este livro é uma explanação em capítulos das dicas que eu, como pessoa e como *coach*, posso proporcionar para que você, desde o seu lugar, possa enxergar uma forma mais leve de viver.

O intuito de "Acredite se quiser" tem por objetivo trazer você, leitor, ao mais básico e ao óbvio. Entretanto, às vezes o óbvio é algo incomum. Saint-Exupéry dizia: "O essencial é invisível aos olhos". E realmente funciona assim. Vemos o problema, mas somos incapazes de enxergar uma solução plausível. Ficamos ofuscados dentro do copo-d'água, sobretudo quando o óbvio está a nossa frente. Então, acredite se quiser: você sempre tem a solução.

Ademais, esta obra foi escrita como um autodesafio de poder, pois, depois de muitos anos, houve o atrevimento para reafirmar na minha mente: "Acredite se quiser: você consegue". E este livro nasceu.

Assim, ele nasceu nas tardes, enquanto a minha filha estava nas aulas em seu colégio, e o silêncio me chamava para acalmar a mente, colocando em letras o que a mente gritava.

Eu pergunto: você acredita que pode conseguir o que deseja? Onde estará e o que fará no próximo ano? Já parou para pensar?

Está com problemas de saúde? Por que aconteceu isso com você?

Falta dinheiro ou trabalho: o que o universo está tentando explicar com relação à sua verdadeira missão de vida? Está difícil o relacionamento a dois? O relacionamento pais e filhos? O que deseja esclarecer? O que deve retirar de sua alma para que o terremoto possa cessar?

Pense nessas perguntas e pense bem, pois você está prestes a mergulhar em conteúdos, em imagens e em movimentos e isso trará a sua cura física, cognitiva e espiritual. Acredite se quiser!

DICA 1:
Aprenda a viver consigo mesmo

Alicia Veloso

Vejamos, neste momento em que você se encontra lendo estas palavras, a não ser que esteja incluído dentro dos escassíssimos grupos de pessoas que se sentam ou deitam para ler com o seu par e compartilhar o que encontram de interessante em suas respectivas leituras, parou para pensar que está sozinho fazendo essa tarefa?

Geralmente, pegamos uma leitura que nos chama a atenção para termos um tempo a sós com o nosso íntimo e para desfrutarmos de algo de que gostamos. E mais ainda, manusear as folhas de um livro provoca sensações que as telas frias não conseguem proporcionar.

Pois bem. Vou lhe contar por que escolhi esse nome para a primeira dica. Tenho 41 anos, uma filha de dez e cinco casamentos falidos, sim, cinco casamentos feitos no cartório e com os seus respectivos divórcios... Parece até um *thriller* de Hollywood. Mas acredite, não me parabenizo por essa situação, tampouco me machuco mais pelo fato de eu me encontrar sozinha, a dizer, sem um relacionamento, há sete anos.

ACREDITE SE QUISER

Vamos analisar os fatos. Por que alguém se casa? Muitas podem ser as respostas, pois cada pessoa tem uma motivação interior, criando como base a sua própria espiritualidade, as experiências de vida desde que era criança, até as crenças sociais que condicionam a uma tomada de decisões. Na maioria dos casos, as pessoas procuram o que dizem ser a "sua meia-laranja". Não sei por que escolheram laranja, talvez pelo sabor do suco. Mas o fato é: procuram a metade de algo para continuar desse ponto adiante, seguras de que tudo será diferente e mais fácil porque será compartilhado e terão sempre uma metade que complemente o que lhes falta.

Horror de crença! (Desculpe-me se alguém se sente afetado). Você parou para pensar que nesse momento nós estamos nos colocando como a metade de algo? Eu penso: tenho por acaso meio cérebro? Meio corpo? Meio espírito? Todos em momentos de desespero oram pedindo a Deus, ao universo ou a alguma força mais poderosa do que nós mesmos, de modo que essa força nos tire do aperto, mas esquecemos da máxima de sermos "a imagem e semelhança de algo divino"; em nenhum lugar está escrito que somos a metade feita para com a semelhança de algo divino.

Não obstante, tendemos a nos diminuir em capacidades e acreditar que somente poderemos ter êxito se complementarmos a nossa vida com a de mais alguém.

Isso gera dois problemas: a) estamos nos restando enquanto capacidade (ou seja, a caixinha mental que suporta as nossas habilidades e estratégias de nossa inteligência intelectual e emocional); b) condicionamos o outro a ser fundido conosco, obrigando praticamente a fazer com que essa pessoa também perca a metade de sua capacidade.

Alicia Veloso

Com isso, há tamanha responsabilidade sobre os nossos ombros por nos restar e obrigar o outro a ficar inibido de suas condições.
Contudo, a culpa ficou lá atrás. Aliás, nem gosto de falar de culpa porque exerce em mim um peso espiritual muito grande. Somente falarei de responsabilidade. Então, por cinco vezes seguidas eu trunquei a minha capacidade e acreditei que podia truncar a metade dessa capacidade em outro ser humano. Foi uma tamanha loucura!
Por fazer isso, desconheci a minha própria integridade e não aceitei a parte escura da lua do outro. Bom, acredito que a analogia seja válida, pois duas luas que se movimentam somente mostrando o seu lado iluminado, deixando as suas sombras na incógnita, tanto para o mundo exterior, bem como entre elas, e, o mais incrível, para si mesmas, é um fato perfeitamente comparável com a relação humana.
O leitor, a esta altura, questiona: o que você fez ou deixou de fazer para ter conquistado cinco divórcios?
Bem, em primeiro lugar, nunca me conformei em ser meia-laranja. Então, entrou em conflito a minha totalidade com o que eu achava que deveria ser a metade do outro, que por sua vez também precisava expressar a sua totalidade, ou melhor, a sua integridade.
Isso prejudicou sempre a comunicação, porque era mais forte o desejo de ter a razão do que manifestar a humildade em aceitar outro ponto de vista. Brigas e brigas sem fim foram os cenários que detonaram os cinco relacionamentos: a incompreensão em sua máxima potência.
Eu de fato queria conviver com outra pessoa, mas não estava realmente comprometida em querer abdicar das minhas fortalezas, de ideias e de gostos por esse condicionamento social.

ACREDITE SE QUISER

Olhe bem, de acordo com a neurociência, e desde a teoria freudiana, nós temos o que chamamos de ego, superego e ID. Mas o que é muito interessante é saber colocar cada uma dessas caras ou rostos dentro do que são o nosso consciente e o nosso inconsciente.

Deixo uma figura para que você tire as suas próprias conclusões:

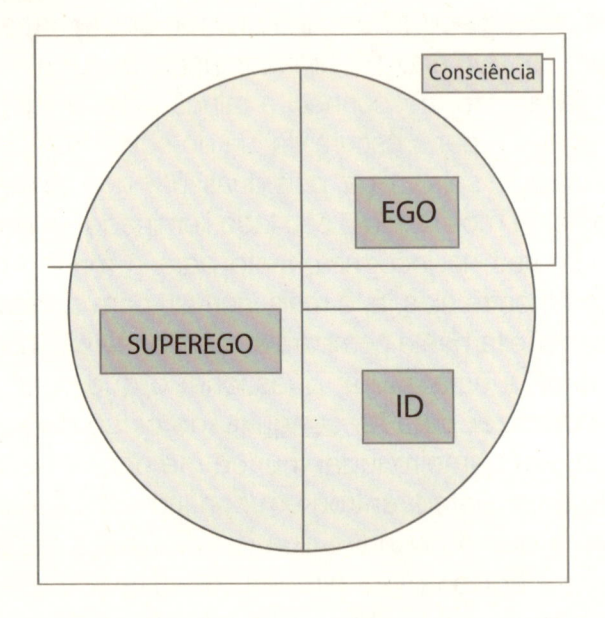

[Figura: círculo dividido em quadrantes com os rótulos Consciência, EGO, SUPEREGO e ID]

Perguntas para interagir comigo. Tente não pular etapas:

1- Que porção de nossa personalidade tem maior predomínio no nível consciente?

_____
_____
_____
_____

2- Qual porção de nossa personalidade tem maior predomínio no nosso nível inconsciente?

_____
_____
_____
_____

3- Na conjuntura consciente, qual é a porção de nossa personalidade que mais predomina?

_____
_____
_____
_____
_____

Na análise dos gráficos, você deve ter percebido que metade de nossa personalidade pertence ao superego, 25% ao ego e os outros 25% ao ID.
Mas.... Há uma linha que divide os níveis consciente e inconsciente. Nesse caso, a porção de território conhecida dentro da consciência está ocupada equitativamente pelo ego e pelo superego.
Logo, o superego possui a maior parte de sua estrutura no nível inconsciente, enquanto que o ego possui um predomínio consciente com relação ao inconsciente.
Em toda essa análise, o ID ficou sozinho lá nos confins de um inconsciente não revelado.
Agora, vamos compreender de forma fácil o que significa cada uma dessa partes ou porções de nossa personalidade.
O ego é o personagem que nós revelamos para o público em que interatuamos: família, colegas de

trabalho, vizinhos, conhecidos, amigos etc.

Dado o exposto, ele tem uma construção própria, baseada no que ele elaborou conscientemente, isto é, nas crenças, nos pensamentos, nos valores e nas virtudes que possui e que continuam em desenvolvimento permanente.

O superego é o conjunto de crenças exteriores, o social, a psique comunitária que possui as suas próprias construções de crenças, de valores, de pensamentos e de virtudes e defeitos, mas que se encontram em permanente confronto com o nosso personagem. Esse é quem limita o que o nosso ego desejaria fazer, mas que o seu entorno determina que não será bem visto,

então, ficamos condicionados. Ou no caso, já que estamos falando de minha travessia matrimonial, o que o superego condicionou foi o fato de que ter um relacionamento estável, um casamento bem conformado, traria a alegria sem fim, e, por último, conseguiríamos por fim nos sentir "completos". Esse foi o condicionamento que o meu ego permitiu escutar.

Logicamente que nesse confronto muito lixo mental começou a ser espalhado, pois o restante da batalha foi para a área inconsciente do ID onde ficam registradas as crenças limitantes e sabotadoras dessa batalha interior.

Alicia Veloso

Dadas as devidas explicações, olhe só com quantos rostos eu fiquei! Então, quem era eu? Qual metade deveria escolher? Qual metade foi a responsável pelos supostos fracassos?

Escreva aqui as suas reflexões:

_____
_____
_____
_____
_____
_____

Então, estamos alinhados? Vou lhe dizer a minha conclusão: enquanto eu procurasse no outro o que acreditava que faltava em mim, estava perdendo a oportunidade de evoluir e de crescer, conhecendo o meu lado sombra; este que todos possuímos, mas que nos custa tanto abraçar com carinho. Sim, abraçá-lo porque ele é parte de nós. Bem, o significado disso é: se eu mergulhasse na minha sombra ou no meu lado escuro, eu também encontraria minha totalidade: debilidades e fortalezas. Na minha percepção, a unidade é a somatória da luz e sombra. Tanto nossa luz como nossa sombra revelam debilidades e fortalezas, porque é em nossa vulnerabilidade que podemos encontrar a força e vice-versa. Basicamente: na dor está a redenção, na enfermidade a cura, tudo se complementa de forma

Leia o código QR para ter acesso ao vídeo.

harmônica, deixando claro que não devemos rejeitar nada em nós, mas sim aceitar, ressignificar, agradecer e evoluir. Com o autoconhecimento e com o risco de eu me aceitar e entender que de nenhuma forma podemos socavar a personalidade de outra pessoa para nos completar, poderemos perceber que já estamos completos!

Nem meia-laranja e nem alma gêmea, e sim simplesmente duas laranjas que podem fazer um suco mais bem substancioso e duas almas que se encontram vibrando na mesma sintonia ou na frequência vibracional.

Deus, pelo menos na minha opinião, não poderia criar alma gêmea alguma, haja vista que nem os gêmeos humanos são inteiramente iguais, mesmo que o seu código genético seja igual em sua integridade.

Então, em resumo: hoje eu fiz o sexto casamento, desta vez comigo mesma; todavia. Não procuro me completar, tampouco me estresso por estar convivendo comigo. A vida e o seu fluxo me levarão a ilhas inimagináveis. Mas quando isso acontecer, não terei que pedir licença para me expressar na minha totalidade e para ser feliz pelo simples fato de estar viva. Em suma, é preciso agradecer a essa circunstância e não desrespeitar a totalidade alheia.

Fácil? Não! Mas é o único caminho viável para uma convivência salutar e que permita o crescimento pessoal (de ambas as partes).

DICA 2:
Deixe de colocar suas expectativas nos outros e nas coisas

Alicia Veloso

Deixe aqui as suas percepções sobre esta imagem relacionando-as com o título do capítulo:
_____
_____
_____
_____
_____
_____
_____
_____

ACREDITE SE QUISER

Nós nos encontramos permanentemente olhando para fora, quando teríamos que olhar mais para dentro. Mas os espelhos nos fascinam desde a antiguidade. Minha filha perde na pré-puberdade a maior parte de seu tempo se olhando no espelho, a fim de procurar uma imagem perfeita. Bem...Espero que essa etapa seja concluída normalmente.

O fato é que nós precisamos, de forma inconsciente, procurar em algum reflexo de nosso ser para encontrar a melhor versão de nós mesmos.

Quando não temos o espelho físico, que seria a etapa do sincretismo, temos o objeto físico para olhar, da mesma forma que uma pessoa precisa de uma imagem, de uma escultura física de algum santo para orar. Com isso, nós escolhemos o outro; o nosso alterego.

Como funciona: quando eu consigo a autoexpressão "você é demais" é porque estou reconhecendo essa incrível pessoa que existe em mim, mas que só consigo olhar por meio do efeito do espelho no outro.

O que se torna até patológico e começa a ser colocado nesse alterego são as expectativas de nossa felicidade e as realizações pessoais, de forma que desejamos que o nosso companheiro nos compreenda sempre, nos escute, aceite todas as nossas propostas e nos acompanhe de maneira feliz em todos os nossos eventos, bem como que os nossos filhos aceitem todas as nossas indicações sem reclamar e que a convivência com eles seja um mar de rosas. Por fim, que os nossos colegas no trabalho nos cumprimentem todos os dias com um sorriso no rosto e que se preocupem com o nosso estado anímico, a fim de que sejamos o umbigo do mundo! Isso mesmo.

Pare o trem e desça.

Você se dá conta de que tudo o que eu falei no parágrafo anterior é uma utopia ou uma irrealidade, ou, no pior dos casos, uma imagem doentia de nosso ser egocêntrico?

Então, o que era o ego, o nosso personagem, é colocado no centro de todos e de tudo, e, quando isso tudo ou esses todos não respondem de acordo com as expectativas que depositamos deliberadamente neles, há frustração, ao passo que nós acreditamos que falharam conosco!

Pelo amor de Deus! Ninguém pode falhar com o que nem sabe pelo o que foi chamado a fazer e nem por quem!

Nós mesmos somos, neste momento, os depositários de expectativas de outros alteregos, e não sabemos. Andamos navegando em águas totalmente desconhecidas e escuras.

Então, o nosso sucesso e a nossa felicidade não se encontram embaixo da responsabilidade de outro ou de outros, mas somente em nós, em mim, isto é, naquele que está se olhando no espelho e que reflete a imagem que deseja ver. O nosso inconsciente trabalha freneticamente para que obtenhamos uma imagem aceitável com as nossas aspirações e com os nossos desejos, mas nos cega ou permitimos esse cegamento por não querermos enfrentar as situações.

No caso: eu envelheci. Já não sou a jovem que eu via refletida 40 anos atrás. Mas se sou capaz de assumir que a vida tem ciclos e que cada um deles pode ser maravilhoso, deixo de responsabilizar a vida e os demais pelo meu desenvolvimento.

Funciona desta forma: ou somos os protagonistas de nossa história ou somos os coadjuvantes. Nós decidimos. Optando por sermos coadjuvantes, tiraremos a responsabilidade de nossas costas, claro, depositando-a nos outros. Mas o

ACREDITE SE QUISER

prêmio pelas conquistas não o receberemos... Será outro o protagonista que levará o Oscar!

Vamos deixar de estar em segundo plano em nossas vidas! Ninguém pode nos dar aquilo que não somos capazes de oferecer a nós mesmos! Reflexionemos sobre estes aspectos: dar para receber; amar para ser amado; perdoar para ser perdoado; reconhecer para ser reconhecido, etc.

Não são expectativas que vêm do verbo expectar: olhar, esperar ou ter plano estático.

São todas as ações que vêm da habilidade de reagir, de atuar, de fazer e de tirar literalmente a bunda da cadeira! (Desculpe-me a expressão, mas existe mesmo uma técnica TBC; tire a bunda da cadeira!).

E agora, você pode determinar:

1. Quais as suas três maiores virtudes?
2. Quais os seus valores pessoais?
3. O que precisa ser mudado para melhor?
4. Em que prazo fará essa transição?
5. Com quem você estará no momento de caminhar essa trilha?

DICA 3:
Mergulhe no seu eu interior sem medo de ser feliz

Alicia Veloso

Leia o código QR para ter acesso ao vídeo.

Depois de ter assistido ao filme, você tem alguma dúvida de que a vida, independentemente da religião que profetizamos, não é um milagre de Deus?

Podemos duvidar de que, sendo essas criaturas maravilhosas, devamos poupar esforços por nos conhecer, arriscar forças e tempos para construir a melhor versão de nós mesmos?

Você deixaria de mergulhar no seu interior, e, de lá das profundezas de seu ser, tirar o melhor que há em si e que ainda precisa de respeito, de carinho, de cuidado e de compreensão? É possível que perante as nossas debilidades nós desdenhemos da capacidade divina de modificá-las para melhor?

Ver todo o esplendor não o faz pensar que talvez vivamos nesses estágios evolutivos, que fomos personagens presentes e que a bênção do esquecimento nos permite continuar vivendo sem lembrar quem foi o nosso inimigo, o nosso algoz ou o nosso amor perdido?

ACREDITE SE QUISER

Há tantas maravilhas para que possamos mergulhar dentro de nós que estaríamos com sede de reconhecer esse benefício.

Se você não conseguir se permitir nessa viagem sozinho, convide alguém para fazer o suporte emocional ou recorra a um profissional de *mindfulness*, por exemplo, que colabore não somente para a viagem, mas também para a ressignificação do que ela deixa.

Bem-vindo a bordo! *Bon voyage!*

DICA 4:
Policie seus pensamentos e palavras

Alicia Veloso

Já não é de desconhecimento de ninguém que as palavras têm poder. Muito menos que os pensamentos também o possuem.
    Agora, uma coisa que venho observando há bastante tempo, inclusive no meu interior, é que mesmo sabendo desta "bomba" energética, no fundo são aspectos que mais saem da boca para fora do que propriamente vivem na nossa certeza de que isso ocorre realmente.
    Por exemplo: vemos pessoas que dizem acreditar nisso, mas se pegam verbalizando: nada dá certo comigo! Eu não tenho sorte!
    Bom, claro que nada dá certo, pois você, eu e nós, em geral, estamos convencidos de que não dará, portanto, o nosso cérebro, esse órgão tão compreensivo e companheiro do nosso coração, responde: "será feita a vossa vontade, amado mestre". E a vontade é feita.
    Com certeza, eu não estou brincando.
    Para que um pensamento tenha cabido na nossa mente, as nossas estruturas mentais fizeram diversas conexões neuronais. Visualizar o mundo exterior, colocar uma experiência em confronto com estruturas cognitivas

ACREDITE SE QUISER

que possam interpretá-la, dar um significado e criar um pensamento: está feito o desequilíbrio.

As estruturas que eu possuía não conseguem explicar essa nova experiência, e, como uma sirene que toca no corpo de bombeiros, a nossa mente emite um alarme: dado desconhecido, até que soe tão alto que cheguemos a nos desesperar, e, quando tudo se encontra em confusão, chegamos à "brilhante" conclusão: não sei o que é isso.

Claro, repetir desde que nascemos olhando nos olhos de alguém, inseguros em nossos primeiros passos pelo raciocínio, a saber, esperando ter a aprovação, talvez e seguramente do ente querido, faz com que comecemos a modelar a pior crença: para essa pergunta existe a resposta, e não uma única resposta.

Então, como que gaguejando, já não começamos com o pé direito. Quando respondemos, parece que perguntamos. Caso prático: mãe e filho saem para fazer compras no supermercado. A mãe pergunta para o filho: você deseja laranja ou bananas? E o filho, naquele misto de angústia e de emoção por ter sido consultado e esperando logicamente dar a resposta, fala: bananas? Leiam: ele não responde: bananas. Ele responde: bananas? E essa mínima resposta possui uma ressignificação enorme e até perigosa por detrás. A criança acredita firmemente, que, para contemplar a vontade da mãe, deva dar a resposta, quando simplesmente foi feita uma pergunta.

Desde então, se os pais não possuem a clarividência de que o seu filho começou a responder com perguntas, em vez de perguntar e dar respostas...Meu Deus: que confusão! Então, chegaremos à instituição chamada colégio.

Pior ainda: é suposto que no mundo dos adultos, os detentores da sabedoria diante da criança, dar a resposta seja até uma questão mágica que reforçará ou destruirá a autoestima e a capacidade de tentar e de fazer acontecer naquela criança.

Então, aquele menino que chegou empolgado, logo o vemos desanimado e desiludido, uma vez que não obteve a média necessária no seu primeiro gabarito, aspecto que só reforça a ideia primária: para cada pergunta, existe a resposta. Quem possui a pergunta, tem autoridade, tem sabedoria, marca a diferença, tem um *status* superior e olha 100 km para baixo ao ser que "descobrirá" qualquer que seja a resposta desejada. Caso obtivermos a própria, seremos levantados como pelo Olimpo e colocados num patamar que nos trará ainda mais ansiedade, haja vista que, logicamente, depois de alcançarmos determinado lugar, é necessário mantê-lo.

Todas essas analogias foram feitas até com um pouco de humor para ilustrar que desde que começamos a ter o uso da razão, estamos como que programados para efetuar um levantamento de monumento ao nosso eu racional, sendo ele morador no lado esquerdo do nosso cérebro.

Os pensamentos são construídos nesse lado e com a frequência de 2000 *bits* por segundo. Sim, não sou um computador, mas se fosse, seria isso o que diria.

Nessa frequência, o inimaginável acontece: os neurônios são células sumamente especializadas e que devem se contatar umas com as outras por meio de um processo chamado sinapse. Mas para que as dendrites ou ramificações dos neurônios cheguem até os outros, é necessário que determinados mensageiros auxiliem no envio da informação: os neurotransmissores (serotonina, dopamina, dentre muitos). Quando esses mensageiros geram pontes entre essas células é o momento em que o fenômeno "informático" acontece (informático de informação). Mas, olhe bem, não tão-somente é necessária essa estrutura, bem como a eletricidade também é fundamental. Por isso, cai muito bem a expressão circuitos neurais.

Acontece que dentro de cada célula do nosso corpo existem centenas e centenas de partículas menores chamadas átomos que, por sua vez, são formados por outras menores ainda, portanto, os prótons e os nêutrons no núcleo e os elétrons na periferia.

Estes últimos, navegando a altíssimas velocidades nas suas múltiplas órbitas ao redor do núcleo, são os que permitem que a energia encontrada tanto no universo como dentro de nossos átomos, a mesma energia, possa produzir fenômenos similares e díspares ao mesmo tempo.

No universo, isso ocorre pela conexão dos macros elementos. No nosso ser, pela capacidade de pensar, de nos comunicar e de colocar em interrelação, ou seja, a relação com o outro, com o mundo e com as coisas.

Então, para que possamos compreender de uma forma que eu até diria como básica: tudo se resume à energia!

Há um ditado muito engraçado que fala o seguinte: "o último suspiro exalado no ar pelo Júlio César ainda paira no ambiente".

Pareceria uma loucura, mas da mesma forma que Einstein conseguiu de certo modo tirar por terra a teoria da gravidade de Newton, quando nada mais havia, a não ser a luz; essa, logo, seria o elemento no universo que se moveria mais rápido.

Alicia Veloso

Newton havia falado da velocidade gravitacional como sendo a mais rápida, mas Einstein conseguiu comprovar que era a luz: 300.000 km/segundo. Assim, há uma velocidade que, resumindo, determina que a luz emitida pelo sol, todos os dias, demore uns exatos oito minutos para chegar à nossa superfície terrena e que o céu que olhamos todas as noites não seja mais do que uma miragem do passado.

Mas o que tem tudo isso a ver com o nosso pensamento? Simples: as interconexões neurais são descargas energéticas que provocam as sinapses e que, por sua vez, possibilitam a formação de imagens mentais, interpretando o mundo exterior para o nosso corpo, e que foram as responsáveis por milênios construir história, evolução e civilização.

O ser humano foi construído dia a dia com base nestes processos: descargas energéticas. Agora, vamos a uma pergunta. Para tanto, não procure a resposta, mas sim uma resposta: onde fica a energia que se libera para que formemos os nossos pensamentos?

Reflexionou alguma coisa? Pois bem, se não, o faremos juntos. Acerca de elétrons, não podemos esperar que essa energia fique fechada a sete chaves dentro do nosso cérebro, que está fechado dentro do crânio.

Não, a energia transcende espaços materiais, diga-se, por ser outra vibração. O que chamamos de matéria é um compêndio de moléculas vibrando a uma baixíssima velocidade, o que permite a conexão e a solidez (neste plano vibratório). Quanto maior for a velocidade, menos conexão é lograda e há mais possibilidade de transcender os espaços físicos.

Então, o pensamento racional a 2000 *bits* por

segundo atravessa qualquer superfície. Mas há algo mais. Eu falei pensamento racional e nem sequer cheguei ao meu hemisfério direito, pois ali a velocidade aumenta para 20 milhões por segundo.

E por que isso é importante? 2000 ou 20.000.000? Por um simples fato: quando uma criança ou um adulto enxerga o aprendizado somente pelo seu lado racional, o processamento é um. Mas quando involucrar o seu lado emocional, isso é uma bomba, uma explosão, por isso aprendemos mais rápido quando experimentamos, sentimos, nos involucramos do que quando meramente escutamos, lemos ou olhamos.

Agora, muito bem. Falamos de processamentos, até parece que sou um *desktop* ou um *mobile*, mas não falei do cuidado que devemos ter quanto à manutenção.

Depois de gerados os pensamentos, eles invadem o espaço exterior, chegando a rebotar contra coisas e pessoas, porque elas estão por todas as partes e sempre estarão no caminho de algum pensamento, no trânsito fechado de uma cidade grande, onde todos "brigam" por um espaço. Um pensamento que se defronte com uma pessoa, que, por uma sincronicidade, é encontrado emitindo um pensamento na mesma faixa vibratória, provocará uma rádio; uma sintonia única, tanto positiva como com carga negativa.

Caso positiva, somará e irá ao encontro de outras com as mesmas frequências. Caso negativa, fará o mesmo processo que as positivas: ação-reação. Então, se para uma é o mesmo do que para outras, a diferença é encontrada novamente no impacto que geram. As positivas constroem bem-estar, felicidade e retroalimentam o cérebro com serotonina e dopamina. As negativas nos provocarão estresse, produzindo cortisol, adrenalina, ou seja, envenenarão o nosso sistema.

O processo de gerar uma emoção possui 90 segundos de tempo, tanto para uma positiva como para uma negativa. Somos nós que escolhemos o que fazemos nesses segundos que se passam dos primeiros 90. Esses primeiros não podem ser controlados, mas os que os seguem sim.

Então, pensamentos têm um poder incrível: viajam na velocidade da luz, pois se são produtos de eletricidade e de conexões, não podem ir mais rápido do que isso. Agora, se demoram oito minutos para chegar a um caminho contrário ao sol, quanto tempo demoram para chegar do outro lado do planeta? Frações de segundos. E para chegar até a pessoa que temos ao lado? Pouquíssimas... Meu Deus! É como dizer exatamente que pensei e que o outro sentiu: uma batida ou uma carícia!

Então, o que podem gerar em nós mesmos? Limitações ou libertações! E nossas palavras? Ah, elas são a materialização desses pensamentos.

Escreva seis palavras que tragam boas sensações:

1. _____
2. _____
3. _____
4. _____
5. _____
6. _____

ACREDITE SE QUISER

Agora escreva seis palavras que tragam os efeitos contrários:

1. _____
2. _____
3. _____
4. _____
5. _____
6. _____

Preencha:

	Positivas	Negativas
Quais palavras me deixaram mais confortável comigo mesmo?		
Quais ficaram martelando na minha cabeça por mais tempo?		
Quais tive vontade de dizer a alguém?		
Enquanto escrevia, quais saíram do meu pensamento de forma mais rápida?		
Quais desejaria excluir dos meus pensamentos?		

Agora analise a sua situação:

1. Você se sentiu mais confortável com as palavras negativas? Se for esse o caso, talvez você esteja num campo vibracional baixo e esteja se sabotando por alguma razão. Pense mais no porquê de tal fato. Caso tenham sido as positivas que lhe proporcionaram mais conforto, então você está dentro de um campo vibracional mais elevado.

2. Caso tenha tido vontade, de modo que foram as palavras negativas que ficaram martelando na sua cabeça, é porque você deu permissão a essa frequência, e, além do mais, está sintonizando com outras pessoas no mesmo *dial*. Isso vale também para as positivas.

3. Caso tenha tido vontade de proferir para alguém as negativas, lembre-se: a energia que bate numa muralha rebota como bola e sairá expelida na mesma quantidade de energia, mas na direção oposta, ou seja, você mesmo. Quando nós dissermos palavras positivas ou negativas a alguém, iremos gerar um campo vibratório que nos faz receber, dependendo da vibração do nosso receptor, o retorno do que emitimos. Agora, se o nosso receptor estiver vibrando na mesma sintonia, ele absorverá essas energias, e, juntos, conformaremos uma bolha mais grande: ou para o bem ou para o negativo.

4. Quais você teve mais facilidade em escrever? Acredito que a resposta seja a mesma que para o item anterior, ou seja, sem um objeto de amor ou de ódio específico. Devemos ter cuidado então com a qualidade das ondas que transmitimos ao universo.

5. Caso tenha desejado excluir as negativas, parabéns. Você compreendeu que isso só deixa uma nuvem preta pairando como nos desenhos animados em cima de sua

ACREDITE SE QUISER

cabeça e fazendo trovoar ao seu redor. Se tiver desejado excluir as positivas, então, por favor, feche o livro e fique ajoelhado para falar com Deus.

Agora relaxe, assista ao vídeo disponibilizado por meio do *QR Code* e faça anotações a seguir. Isso ficará como *insights* importantes para você.

_____
_____
_____
_____
_____
_____
_____
_____
_____
_____
_____

Para quem deseja avaliar outras capacidades cognitivas, disponibilizo o teste por meio do *QR Code*.

DICA 5:
Despeje seu lixo mental

Alicia Veloso

Benjamin Franklin diz que três mudanças equivalem a um incêndio, pelo mero fato de que depois da tragédia sempre fica alguma coisa que irá se acumular nessas áreas da memória, onde, a bem da verdade, logo ficarão em modo automático no nosso cérebro mais primitivo: o reptiliano.

O cérebro utiliza uma mínima parte de todo o conhecimento que temos, mesmo que continuemos procurando o perfeito e não fazendo o feito.

Enquanto não despejarmos 80% do que está acumulado e do que não está sendo utilizado, não deixaremos lugar para as coisas positivas e funcionais.

Desaprender é tão importante quanto aprender. Desde a pedagogia é relatado que os desequilíbrios cognitivos vêm para fazer uma reestruturação mental.

Muitas pessoas têm medo de estar abaixo da linha da vida, mas nem sempre conseguimos estar acima da linha da vida de forma permanente porque existem os imponderáveis que fogem à nossa capacidade de controlar.

Baixar e subir é como um eletrocardiograma, isto é, depois da diástole vem a sístole e vice-versa.

Então, o importante é saber aonde desejamos chegar e a direção que iremos tomar.

Você conhece a lei do 80 – 20?

Vou lhe explicar na prática: talvez 80% do que você estudou não vá ser utilizado, e sim somente o que é significativo, ou seja, 20%.

A nossa inteligência cognitiva, o nosso lado esquerdo do cérebro, faz 20% de nosso êxito. Os 80% restantes estão debaixo da influência do emocional, no hemisfério direito, que são correspondentes ao sonho, à criação e à recriação.

Talvez a metade de nossos sonhos não seja cumprida, não porque tenhamos perdido a capacidade de sonhar ou de fazer acontecer, mas porque durante o trajeto nos demos conta de que os sonhos já não possuem a importância que costumávamos dar, e, então, fazemos outra significação e deletamos esses sonhos.

Vamos trabalhar:

Liste pensamentos que você acredita ter e que possam ser deletados de sua mente para que ela comece a funcionar de forma mais "acelerada". Caso um computador perca a memória interna, devemos colocar uma memória acessória. Caso nós não despejarmos o lixo mental, chegará um momento no qual estaremos sintonizando somente frequências "lixo", que, por atração, nos trarão mais energias e pensamentos lixo, entrando finalmente num círculo vicioso, e não virtuoso.

Virtuoso é quando geramos pensamentos que vibram numa sintonia leve, atraindo por similitude outros da mesma forma.

Alicia Veloso

___

Leia o código QR para ter acesso ao vídeo.

Agora faremos um quiz:
Existem pensamentos que não saem da nossa cabeça. Assim, algumas vezes percebemos e refletimos: "estou pensando nisso de novo". Outras vezes, simplesmente não temos essa consciência e eles permanecem ali o tempo todo nos lembrando de algo, de forma insistente.

DICA 6:
Faça uma sessão sanadora para voltar a se apaixonar por você mesmo

Desta vez, começamos pelo caminho inverso. Vou pedir para que não passe ao próximo capítulo sem antes completar estas três horas de meditação. Você pode fazê-lo à noite ou num espaço do dia que não tenha interferências.

Logo após terminar esse processo, feche os olhos e trate de deixar fluir a sua mente.

Deixe o livro por enquanto. Ao levantar, (espero que você possa ter renovado as suas energias físicas, mentais e espirituais) escreva o primeiro pensamento que vier à mente desde o seu espírito. Deixe registrado neste mesmo livro, para que o tome como referência.

Ajuda espiritual: para facilitar o processo, acesse por meio do *QR Code* uma música de meditação para cura dos *chakras*, que proporciona vibrações positivas.

Agora vamos escrever:

_____
_____
_____
_____
_____

ACREDITE SE QUISER

Alicia Veloso

Vou compartilhar agora a minha experiência.

Às vezes as sessões sanadoras que a vida nos oferece são bastante duras, porque nós estamos incapacitados momentaneamente de aprender por meio do amor. Guardamos na caixinha do ID o rancor, o medo, a raiva e a lembrança que dói. Então, enchemos tanto o nosso cérebro de lixo que ele extrapola pelas células.

Assim como o DNA ao ser colocado para baixo, a influência do lazer é capaz de refletir proporcionalmente a mesma quantidade e qualidade de energia, de modo que esse lixo mental começa a refletir vibrações desconexas... E se você realmente assistiu ao vídeo anterior, pode constatar como a modificação na esfera molecular acontece. Chega um momento em que uma célula diz: "Basta! Assim eu não brinco e nem trabalho mais com vocês!" e se torna uma rebelde, desconectada do grupo, que continua a funcionar, mas em reverso. Isso, por atração vibracional, vai alinhando outras células que se sintonizam em um efeito: temos um tumor.

E quando nós dissermos: "eu não quero ter câncer", na verdade eu estou dizendo que eu quero ter câncer!

Meu Deus, eu me saboto! Como pode acontecer semelhante erro? Mas ocorre. O medo que paralisa a nossa vida em determinados momentos chega a fazer a mesma coisa em nosso corpo. Em suma, trata-se de massas densas que funcionam em descompasso com o universo. E nos machucam... Aliás, nós nos machucamos.

Agora, caberia refletir o porquê do autoflagelo. Temos vergonha de nós como pessoas? Do nosso corpo como matéria? Das coisas que fizemos no passado? Da falta de amor? Da culpa por ter omitido, ausentado ou desfeito? São tantos fatores que podem irradiar as

ACREDITE SE QUISER

energias tóxicas que o nosso corpo efetivamente deixa de viver o fluxo normal da vida e adoece.

Mas essa doença tampouco pode ser vista como um "castigo", como muitos podem entender. Não! Deus não castiga. A vida não castiga. O universo não castiga. Tudo é uma consequência de nossos atos, da lei da ação e reação, da causa e efeito.

Deus nos presenteou com o livre-arbítrio. Assim, há a capacidade de escolher, dentre tantos caminhos, aquele que for o mais adequado para nós, em um momento e em espaços determinados. Essas escolhas somente poderemos fazer caso estejamos com uma bagagem experiencial determinada, isto é, com a formação determinada. Na falta desses aspectos, a decisão poderá fraquejar. Mas não é motivo para se culpar e encher uma mochila cheia de pedras que serão colocadas como uma cruz em nossas costas. Não! É uma prova para testar a nossa capacidade de resiliência, ou seja, de nos adaptarmos e de "passarmos por cima".

Mas eu vinha contando uma história e não perdi o fio da meada. Eu tive essa massa incômoda, mas foi retirada. Em seis meses, cresceu outra exatamente igual, no mesmo lugar, do mesmo tamanho e com as mesmas características.

Eu não tinha aprendido a lição!

Eu deveria passar tudo de novo, reprovar o exame e voltar a estudar a lição quantas vezes fossem necessárias para aprovar o curso... E aprovei!

Hoje somente possuo controles semestrais, e, sem sombra de dúvida, o meu destino, o destino que eu estou definindo para mim, não possui câncer. Possui alegria, equilíbrio e gratidão!

É por meio da gratidão (aqui devo me remeter aos

agradecimentos feitos) que o nosso coração, o nosso emocional, é sanado. O lixo mental é atirado para fora. Nós nos reprogramamos desde o nível celular ao orgânico, sistêmico, mental e espiritual.

Hoje em dia, não podemos desconhecer que a ciência explica a espiritualidade (basta ver a teoria de cordas para compreender que podemos viver em planos paralelos e de diferentes níveis vibracionais em forma simultânea) e que a espiritualidade apoia a ciência para explicar até o ponto de Deus em nosso corpo.

Temos o ponto de Deus no cérebro? E depois de sanado, faça o exercício diário do auto-olhar naquele espelho e veja que imagem é refletida. Diga: eu te amo, eu te respeito e eu te perdoo!

Apaixone-se por você a cada dia!

Leia o código QR para ter acesso ao vídeo.

"Você tem que ser o espelho da mudança que está propondo. Se eu quero mudar o mundo, tenho que começar por mim."
Mahatma Gandhi

DICA 7:
Faça uma lista das coisas que deseja alcançar

Alicia Veloso

Estamos quase terminando as dicas e eu já estou com vontade de continuar com você por muito mais tempo.
O desafio deste capítulo é fazer uma lista de todas as coisas de que gostaria, desejaria ou que até precise fazer.

No turbilhão das horas, muitas vezes vemos os dias passando literalmente por nossa frente sem que consigamos sequer pensar: hoje eu fiz a diferença na minha vida e na de mais alguém.

Porque se não pensarmos assim, qual é o sentido maior de nossa existência, a não ser deixar rastros neste planeta, o que não é o mesmo do que andar de arrasto? Deixar rastros é deixar pegadas, como quando caminhamos pela areia molhada da praia. O nosso mar não tem fim, diga-se, esse mar interior. A nossa margem nos convida a ir aprendendo a entender que temos muito que mergulhar nele, como falei no capítulo anterior.

Mas, por que é necessário criar uma lista de todas aquelas coisas que desejo fazer? Porque partimos da base de que a primeira coisa que devamos definir seja qual é a nossa missão de vida, o nosso propósito nesse planeta, isto é, a razão pela qual estou vivendo este personagem aqui e agora, e não outro espírito ou alma. Em suma, o porquê de eu ter escolhido a família espiritual que veio a fazer as vezes de família material nesta vida. Evidentemente, há muitos aspectos que nós não conseguimos compreender, e isso está bem. Dessa forma, tudo está em seu lugar. Nem sempre temos, na precária capacidade que possuímos diante da divina, a perspicácia de compreender todas as coisas que nos acontecem. O que podemos fazer é aquietar a nossa alma e pensar que existe um propósito maior para tudo, inclusive para nós mesmos. Nesse sentido, esse fato é traduzido em nossa missão de vida, o que vai permear de sentido todas as áreas que nós desenvolvemos, e que seja o motivo de tomar as decisões mais importantes de nossa existência.

Então, o que pode ser uma missão de vida? Ajudar os outros? Conhecer outras pessoas? Levar uma mensagem? Você é quem deve decidir.

Logo, você definirá a sua visão de vida, ou seja, como deseja se ver a curto, médio e longo prazo. Qual é a forma que você acredita que será visto pelos outros e que desejaria que fosse esta vida? Mentalize. Já aprendemos que pensamentos e palavras têm um poder enorme, sobretudo assim que iniciamos o pensamento, seguindo e registrando tudo no papel para gerar um compromisso com a nossa pessoa. Sim, porque somos procrastinadores natos. Pensamos que sempre lembraremos de tudo, porque as palavras foram proferidas por nós. Mas, quando não aplicamos alguma coisa e fica em desuso, isso é simplesmente deletado. Então, não se confia nem no autor e nem na memória RAM: podemos ser enganados e não teremos um órgão de proteção do consumidor mental.

A continuação para definir a parte final desse processo é importante para que sejam listados os seus valores. Ou seja, os conceitos morais que outorgamos algum valor.

> Por outro lado, os valores humanos são uma referência que nos ajuda a interpretar a realidade a partir de uma perspectiva crítica. Desta maneira, nos indignamos diante da injustiça porque nos impulsiona o valor da justiça e decidimos ajudar os mais necessitados porque somos guiados pela solidariedade. A nossa conduta está motivada por vários fatores: o instinto de sobrevivência, as normas sociais aprendidas e os valores humanos. O instinto de sobrevivência está "escrito" em nosso DNA. As normas sociais são acordos elaborados pelo conjunto da sociedade. E os valores humanos têm uma dimensão global e universal, mas cada indivíduo os incorpora em sua própria escala de valores.[1]

Tente numa folha à parte tratar de definir os conceitos aqui indicados de forma que fique clara a sua interdependência.

Fez? Ótimo, podemos continuar então. Agora fará uma lista das 20 coisas que para você são sumamente importantes concretizar este ano:

---

1. Fonte: CONCEITOS. Valores Humanos. Disponível em: https://conceitos.com/valores-humanos/

ACREDITE SE QUISER

01. _____
02. _____
03. _____
04. _____
05. _____
06. _____
07. _____
08. _____
09. _____
10. _____
11. _____
12. _____
13. _____
14. _____
15. _____
16. _____
17. _____
18. _____
19. _____
20. _____

Agora agrupe todas nestas caixinhas:

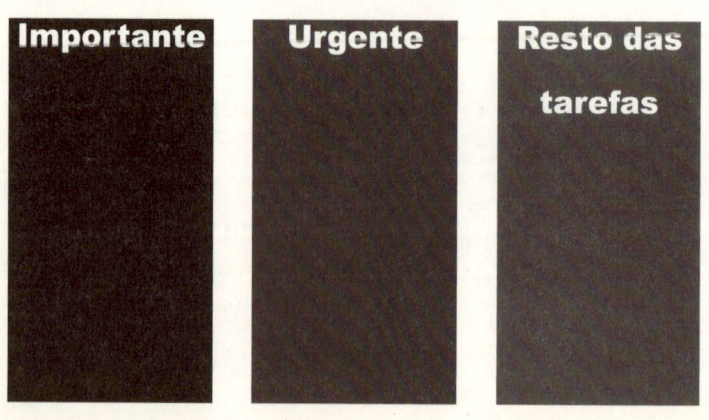

Importante	Urgente	Resto das tarefas

Agora que você fez as caixinhas, determine para cada uma os objetivos que precisa estabelecer para concretizá-las e quais metas (ou passos menores) serão necessárias para que quando chegue dezembro tenha conseguido concretizar a maioria delas.

Também e para assumir um compromisso maior com você mesmo, escreva uma carta ao futuro, endereçada a um ser humano ao qual jamais escreveu uma carta, ou seja, a si mesmo.

Aqui vai o *link* do site onde você poderá experimentar o gosto de escrever e enviar para si uma carta ao futuro. Não, não é brincadeira de Steven Spielberg, e sim um fato.

Arrisque-se a escrever com um luxo de detalhes sobre como você estará no dia em que receber essa carta. O que estará fazendo, com quem, onde e como. Os cheiros, perfumes, a sensação térmica, o que vê, escuta e sente no seu interior. Surpreenda-se com uma poesia escrita de você para você!

DICA 8:
Gerencie suas atividades de forma salutar

Alicia Veloso

Antes de entender como organizar as nossas atividades no tempo que temos, gostaria de deixar alguns dados sobre a mitologia grega e sobre o conceito de tempo.

A mitologia de Chronos e Kairós nos traz muitas lições e reflexões sobre nós e o poder do tempo Na antiga Grécia, o convívio do homem com o tempo." era algo muito particular, especialmente porque essa medida era associada à proximidade da morte – representante de uma das forças que potencialmente movimentavam a humanidade. Nas discussões gregas, temas relacionados à "temporalidade" eram discutidos com base em mitos, pois consistiam na melhor forma de substituir palavras ou termos, por meio de analogias, e, dessa maneira, tornar a comunicação acessível e eficaz[2].

---

2 Fonte: Instituto Brasileiro De *Coaching* – IBC.

Entenda a Mitologia de Chronos e Kairós

Um dos mitos largamente utilizados pelos gregos era o de Chronos. O comandante dos Titãs (povo anterior aos deuses olímpicos) era conhecido como um ser intolerante; filho mais novo de Urano e de Gaia, que, na mitologia grega, eram as divindades que personificavam o Céu e a Terra. Gaia tramou junto com Chronos a posse do trono, que era de Urano. O plano de castrar o pai representava uma vingança de Gaia que estava extremamente aborrecida com o seu "esposo", que passou a devolver ao ventre todos os filhos gerados por ela quando não os aprisionava em cavernas. Uma vez destronado, Urano amaldiçoou Chronos determinando que ele seguiria o mesmo destino: ser destronado por um filho. Dessa maneira, Chronos deu início à Era dos Titãs, casou-se com sua irmã Réia, e, com medo de seguir a sina do pai, devorava os filhos assim que nasciam para garantir que nenhum deles pudesse se revoltar contra ele no futuro. Mas Réia, extenuada com o fato de perder todos os seus filhos, salvou Zeus – o último filho –. Passado o tempo, a hipótese do pai se confirma, Zeus o enviou junto com os Titãs, que apoiaram Chronos na guerra, para o Tártaro – lugar mais distante no reino dos mortos – e resgatou os seus irmãos, a criação. Todas as palavras que derivam de Chronos, tais como cronômetro, cronológico, cronograma e outras nos remetem à ideia de um tempo que pode ser controlado e que não nos deixa esquecer os prazos, as entregas; que acaba; é inflexível; que passa de uma forma relativa à presentificação, uma característica do tempo vivido por cada um, sentido como presente e integrado na memória de quem vive como tal. Dando continuidade à criação, Zeus teve outros filhos, sendo o último Kairós, que, assim como o avô Chronos, representava o tempo, mas não da mesma maneira, pelo contrário, esse último era a personificação do tempo subjetivo e individual cuja posse era de cada um dos homens e deuses. Kairós era o símbolo da oportunidade, a oportunidade agarrada, aquela que não se deixa passar. Essa ideia era representada pela imagem de um jovem atlético que tinha asas nos pés e que transitava em uma velocidade incrível pelo mundo inteiro de forma aleatória, desse modo, era impossível prever um encontro com ele. O tempo, segundo Kairós, não pode ser definido, medido, quantificado, estipulado, mas por outro lado é pessoal, significa aguardar a melhor ocasião ou o momento certo, portanto, a ideia de movimento sugere que devesse estar atento ao instante único vivenciado. É um tempo que não reproduz o passado e nem entrevê o futuro: Kairós é "o melhor no instante presente". O que podemos obter dessa mitologia é aproveitá-la para o gerenciamento salutar de nossas atividades no tempo humano conhecido.

Em primeiro lugar, que Chronos seria compreendido por nosso lado racional no cérebro, o hemisfério esquerdo. Então, não podemos fugir do que efetivamente temos construído nessa racionalização.

O tempo diário equivale a 1440 minutos e cada minuto possui 60 segundos e assim por diante num sistema de compreensão e de explicação desde a lógica sexagésima.

Então, nesse sentido, o lógico seria: a) delimitar as tarefas todos os dias antes de dormir, ou seja, deveríamos deixá-las por escrito estabelecidas; b) calcular a quantidade de tempo (Chronos) que cada uma demanda; c) fazer a somatória dos tempos; d) hierarquizar quais dessas tarefas possuem caráter urgente, importante ou circunstancial (Ver o livro de

Christian Barboza: "*A tríade do tempo*"); e) Reorganizar as tarefas de forma que não nos vejamos recarregados a ponto de não conciliarmos com outras tarefas transcendentais para a nossa vida: satisfação das necessidades básicas (sono, alimentação e higiene), das necessidades relacionais e emocionais (convívio com a família, com os filhos, com os pais e com os amigos). Essa classificação, mesmo rigorosa, faz com que haja tempo para ter qualidade de vida.

Agora, se vemos desde o ponto de vista do tempo Kairós, podemos dizer que um minuto pode equivaler a toda uma vida, no meu caso: 41 anos (na data que é editado este livro). A consciência do tempo de Kairós requer uma percepção afinada das necessidades de todos os envolvidos, bem como daquilo que o grupo idealiza. As janelas de oportunidade que imprevisivelmente se abrem em determinados contextos estão relacionadas com Kairós. Para a nossa atividade produtiva, muitas vezes, é preciso que se perceba e explore o momento adequado, de modo que essa percepção requer atitudes atentas e criativas. Quando você se percebe agindo em resposta às sutis necessidades momentâneas, recorrendo ao sentido de oportunidade informado por Kairós, as suas ações ultrapassam as fronteiras representadas por Chronos. A dimensão de tempo que Kairós figura tem o seu significado agregado ao saber "quando" e "como" utilizar o momento oportuno.

Quanto você é capaz de criar no tempo cronológico? E no tempo kairológico? Qual a qualidade da sua criação? Você acredita que verdadeiramente há diferença entre a sua criatividade e a produtividade dependendo do tempo? Quando tem a sensação de que algo fluiu, de que se "perdeu no tempo", como você se sente? Já teve a sensação de que o momento presente está em movimento e que ele em breve não será mais presente?

Essa sensação de que os fatos presentes vêm se deslocando desde o passado para um futuro indefinido é a que nos proporciona a ideia de continuidade de nossa história de vida, e, que portanto, vivemos num *continuum* de causa e efeito permanente e cíclico.

A capacidade, desde o consciente ao inconsciente, de compreender as causalidades é a que nós geramos o conhecimento de lembrança e de antecipação. Na prática, os acontecimentos em nossa lembrança podem ocorrer de forma simultânea, portanto, em um minuto cronológico pode haver múltiplos sucessos concomitantes dois quais nem sequer temos sua finitude.

A questão é: se podemos rever a nossa vida inteira em um minuto, por que escolhemos levar "anos" cronológicos para gerar mudanças em nosso comportamento? Bastaria fazer uma reprogramação assertiva e positiva para que em menor quantidade de tempo cronológico chegássemos a uma nova versão. Nesse sentido, estaríamos transcendendo em Kairós. Então, por que permitir a criação de imagens sabotadoras, se podemos positivamente criar imagens assertivas, e, dessa forma, fazer um gerenciamento salutar de nossa vida? Fica aqui a informação valiosa para pensarmos antes de deitar: quais serão as tarefas que farei amanhã?

DICA 9:
Perdoe-se e perdoe aos outros

Alicia Veloso

> A próxima pergunta desse diário é classificada como uma pergunta poderosa de autoanálise e de autoperdão, um convite para um sono congruente e sem débitos internos e externos com a humanidade. Quando determinada pessoa entende e cura o seu cotidiano, ela está livre dos processos depressivos e de insônia. Essa etapa sugere que essa pessoa tenha um sono em paz e um estado mental de equilíbrio e paz.
>
> IBC – Instituto Brasileiro de *Coaching*

Recomendamos aqui que a pessoa investigue sobre a técnica EMDR de reprocessamento cerebral por meio do movimento dos olhos. Essa é uma poderosa ferramenta na cura de traumas e de doenças.

Mas a principal cura que devemos fazer em nosso interior é exercitar o perdão ao próximo e o autoperdão, sendo o último o mais difícil dos processos, dado que temos a tendência doentia de nos flagelar e reiterar, como em um filme, o acontecimento que nos gerou dor, uma e outra vez, em forma ininterrompida.

Devemos alterar esse ciclo.

> Essa técnica criada pela psicóloga norte-americana Francine Shapiro, no final da década de 80, a dessensibilização e o reprocessamento por meio dos movimentos oculares (EMDR, sigla em inglês, de *Eye Movement Desensitization and Reprocessing*), é uma prática psicoterapêutica e desenvolvida para atender pessoas com algum tipo de estresse ou de transtorno pós-traumático.
>
> A técnica do EMDR consiste em fazer com que o próprio cérebro exerça uma espécie de autorregulação, sendo observados resultados muito mais rápidos do que as terapias tradicionais para o tratamento de tais transtornos. A ativação das memórias traumáticas é feita por meio do reprocessamento dos acontecimentos em silêncio, mediante os estímulos oculares, sem intervenção verbal, realizada por profissionais habilitados para tal função.[3]

O nosso cérebro é programado para processar informações em forma automática, mas quando ocorre um fato externo que ocasione uma interpretação errônea, são gerados bloqueios, dores emocionais e traumas. Essa técnica permite acessar as lembranças e voltar a ressignificá-las. Grosso modo, é baseada em estímulos

---

3. Fonte: MARQUES, José Roberto. EMDR. Disponível em: https://bit.ly/2IxIJ0D

rítmicos bilaterais dos olhos que geram a reordenação dos fatos e os estímulos que os ocasionaram.

O tratamento dessa técnica deve ser feito com um médico, mas gera resultados extraordinários na mutação de sentimentos negativos ou de interpretações negativas em positivas ou de aprendizagem.

O perdão deve ser considerado como uma dessas reordenações que o nosso cérebro deve fazer para aceitar que os acontecimentos e os seus estímulos já não existam, ou seja, que não possam ser mudados e que a reação positiva ou não foi a que oferecemos no momento e no contexto adequados. Portanto, é preciso aceitar que somos seres em evolução, capazes de nos perdoar, perdoar àquele que fez o que pôde no seu contexto e capacidade e pedir perdão, se for necessário.

Essa última ação é libertadora, porque vai ao ponto da nossa ferida e a de outra pessoa, podendo criar uma ponte de compreensão, rompendo assim a muralha de separação de ambas as pessoas.

Leia o código QR para ter acesso ao vídeo.

Perdoar não é o mesmo que esquecer. Acredito que o nosso cérebro, ao processar de forma automática as situações, também gera uma memória a largo prazo que ficará lá até que vire lixo mental (ver o filme *Divertidamente*). Então, podemos perdoar, mas o esquecimento terá outro processo que ficará, por assim dizer, mais limpo.

ACREDITE SE QUISER

Ao lembrar de alguma ferida que perdoamos, estaremos deixando uma enorme carga emocional que aprisiona o indivíduo e o estimula a ter outros sentimentos que reforçam e geram mais dor: vingança, rejeição, etc.

DICA 10:
Ajude a outra pessoa a percorrer este mesmo trajeto
(Frases pessoais de autoajuda)

Alicia Veloso

Neste capítulo, deixo algumas orientações para o leitor. O conteúdo é fruto de meus estudos e aprendizados diários, inclusive são respostas a perguntas feitas para mim e por mim em minhas análises. Também aproveito para dizer a décima dica: ajude a outra pessoa a encontrar o caminho. Essa ajuda não tem por que ser material. A maioria dos seres humanos está precisando e pedindo a gritos todos os dias para ser escutada, compreendida, abraçada e beijada. E, se pudermos dizer algo que faça casa no coração de uma pessoa, certamente ela nunca mais será a mesma e nós teremos feito o que Jesus nos ensinou: caridade, pois não existe outro caminho para aperfeiçoar o nosso espírito, a não ser a caridade. Aqui vão as respostas. Então, infira as perguntas. As pessoas ficaram incógnitas, não foram identificadas, por uma questão de ética. Assim: faça o uso das mesmas ideias sem moderação.

Acredito que o exemplo é aquela voz silenciosa que indica o caminho sem dizer qual é... Os nossos filhos aprendem mais com o que fazemos do que com o que dizemos e o mesmo acontece em geral! Abraço.

Gratidão por tão belo depoimento! Logicamente afetará positivamente a vida de muitas pessoas, pois, a partir do seu exemplo, você já estará fazendo a diferença! Abraço.

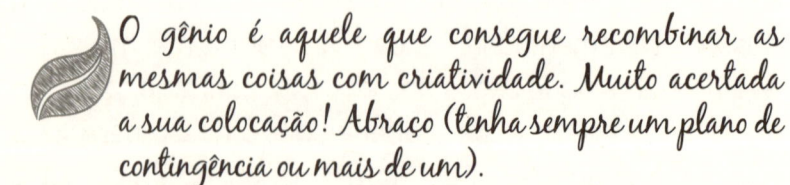

O gênio é aquele que consegue recombinar as mesmas coisas com criatividade. Muito acertada a sua colocação! Abraço (tenha sempre um plano de contingência ou mais de um).

Concordo com você até o momento de considerar que existem imponderáveis na vida e que não podemos prever. Se sofrermos um desequilíbrio, não devemos nos sentir mal por isso. Devemos ser resilientes e entender que tudo muda e que tudo passa. Se sabemos o caminho para voltar ao equilíbrio, tudo está tranquilo relativamente. Abraço.

Justamente! Hitler, Mussolini e Stalin foram líderes que quase levaram o planeta à destruição. Mas tinham carisma o suficiente para congregar pessoas e fazê-las acreditar com assertividade e outras tantas qualidades e técnicas apreendidas. Então, como sempre, tudo pode ser olhado desde a ótica do bem ou do mal. Há quem diga que o mal não é tão inteligente quanto o bem; essa pessoa está enganada. As inteligências podem ser as mesmas sim, mas voltadas para fins diferentes. Abraço.

As palavras possuem a mesma carga energética que os pensamentos que as geram, e os pensamentos, por sua vez, são uma descarga elétrica com nível atômico. É incrível a potência que podemos chegar a atingir, tanto positiva como negativamente. Abraço.

ACREDITE SE QUISER

Muito bem colocado! Até que não paramos para pensar o que é o tempo para nós e o quão importante é como recurso finito, isto é, não damos a devida importância à priorização de nossas atividades, necessidades e interesses. Abraço.

Com certeza: todos os exemplos de vida escolhidos nos deixam uma marca especial, mas todos, em geral, nos ensinam a persistir, focar, trabalhar e voar! Abraço.

Há somente uma coisa que agregaria ao seu excelente comentário: tudo o que vemos no outro temos dentro de nós. Se encontrarmos uma pessoa gentil em alguém é porque temos o conhecimento da gentileza que mora em nós. E isso também ocorre com os aspectos mais escuros. Então, aceitar a nossa mochila é compreender o próximo. Abraço.

Você citou algo muito importante: se impor, ter força de vontade! Sempre teremos esse diálogo interno, porque nós temos tudo dentro de nós: o bem e o mal, o certo e o errado, o gordo e o magro, ou seja, os opostos. Esses opostos sempre entrarão em discussão se não soubermos acalmar a nossa mente interna. Então, se decidimos que estamos no comando de nossa vida, fica bem mais fácil educar os dois! Abraço.

Bravo! Na verdade, eu até colocaria desta forma: ninguém muda ninguém. Podemos fazer essa árdua e importante tarefa que é melhorarmos e construirmos. No máximo, com nosso exemplo, outros terão a possibilidade de nos colocar como parâmetros. Mas é somente isso. Ninguém conseguirá fazer pelo outro o que ele não faz por si mesmo. Abraço e sucesso!
Acredito que tudo começa por nossa casa espiritual: esvaziar-se, perdoar-se, amar-se e assim por diante. Enquanto não conseguimos fazer esse processo de dentro para fora, será muito difícil conseguir auxiliar o próximo. Parabéns! Abraço.

Que belo raciocínio! Exemplo a ser seguido. A missão de vida é algo tão importante e transcendente que por intuição até começamos a vivê-la antes mesmo de nos dar conta de sua existência. O fator de relê-la em âmbito cognitivo aporta o valor de ver que aspecto podemos melhorar e direcionar objetivos, alvos, metas: tudo para que ela seja realmente o nosso Norte. Abraço.

Com clareza de espírito e alinhamento com o que fazemos, pensamos e dizemos conseguimos chegar a um determinado equilíbrio que nos permite priorizar as nossas atividades, necessidades e tarefas. Tudo tem o seu tempo! O seu é agora! Abraço.

Que belo depoimento e exemplo para todos nós! Não se preocupe com a sua velocidade, porque você chegará ainda mais longe se for com mais segurança do que se for rápido, de modo que o conhecimento estará frágil como um cristal. Sua perseverança terá os seus belos frutos! Continue assim! Você, além de conhecimento, demonstra ter uma qualidade humana muito importante! Abraço.

Exatamente! Então temos essa capacidade dentro de nosso ser, de ser a nossa melhor versão, e, um dia, voltar a estar à altura de sua imagem e semelhança! Abraço.

Gratidão pelas suas palavras e depoimento! Não deseje estar à altura, mentalize que você estará na sua melhor altura! Quando você tiver confiança em você mesmo, os demais também a terão! Abraço.

Que belo depoimento! Nunca se sentir infeliz por se conhecer. Tudo ao contrário: agradecer à vida e a Deus por uma oportunidade tão única de nos tornarmos melhores pessoas! Abraço.

Certamente, o universo sempre nos está enviando mensagens. Nós devemos aprimorar a nossa capacidade de interpretação. Para isso, temos que sossegar a nossa mente racional e extravasar o nosso emocional. Parabéns! Abraço.

Há uma palavra que está fazendo e que vai fazer a diferença em toda a sua vida: 'gratidão'. Gratidão a você por compartilhar este belo depoimento! Abraço.

Bom, isto é o mais importante: o empoderamento que você está construindo para poder auxiliar os outros. A velocidade é relativa de cada pessoa. O que importa é o como você está avançando! Parabéns! Se aprende mais na medida que se aplica. Abraço.

É... Temos uma conta corrente no banco da vida cujo débito automático diário é de 1440 minutos, os quais são zerados ao final do dia, como no final de cada expediente. Isso nos faz refletir que o que não fizermos, já não poderemos voltar atrás. Sempre é de hoje em mais. É para refletir muito o que faremos com esses depósitos! Abraço.

Bom, agora que você encontrou o seu vilão, encontre o seu herói interior que o salve desse vilão. Diga para o seu herói que ele deve planejar uma força de ação focada. Que você determine objetivos de três a quatro alvos para sustentar esses objetivos e metas, ou seja, passos mais curtos para ir se aproximando dos alvos. Então, quando fizer esse trajeto, chegue à reta final e o seu herói interior dirá: Touché! Abraço.

Realmente! Mas a doença chamada "desculpite" deixa de cama aqueles que diante da primeira pedra no caminho caem e machucam o joelho. Então, não podem continuar e há uma frase que diz: quando as forças de minhas pernas não bastarem, que as forças da minha força de vontade me levantem. Abraço.

Parabéns! Me emocionei! Certamente servirá de fonte de inspiração. Olhe, Deus sempre está conosco, temos ele dentro de nós. Ele está em todas partes e para ele nada é impossível. Então, como desistir? Nunca. Ninguém está aqui e agora por mera casualidade, senão porque há um propósito maior que nos congregou para um objetivo bem mais transcendental, isto é, que não importa que o identifiquemos já, mas que aproveitemos a oportunidade de fazer parte. Somente uma sugestão para ajudar o seu cérebro a não brincar mais com você: diga em vez de "não vou parar", "vou continuar sempre". Elimine o não de seus vocabulários mental e verbal. Fique policiado nesse sentido. Nossa mente quando escuta "não vou parar", compreende "vou parar", então, o que você deseja com a intuição, destrói com o seu inconsciente. Parece uma bobagem, mas não é. É a base do êxito, somente isso! Abraço.

Acontece que se nós trabalhamos com pessoas para que possam ajudar outras pessoas, como deixar de lado a nossa humanidade, os nossos valores e as nossas crenças? Impossível! O que dá a uma pessoa credibilidade é o quão honesta ela pode ser quanto a si mesma. E falar de Deus não é falar de religião, e sim de algo profundo que deveria até ser mais nomeado do que outras palavras tão carregadas de energia negativa neste mundo e que já não causam pudor pelo rotineiro que se tornou esse fato. Mas, não por ser rotineiro, significa que esteja certo ou adequado. Com relação à sua pessoa, peço por caridade: deixe no passado essa lembrança e agradeça cada dia ao abrir os olhos e cada dia ao fechá-los, porque você foi feito pela imagem e semelhança da divindade e ela necessita aflorar em seu coração porque outras pessoas precisam de você! Faz sentido!? Viva! Seja feliz! Abraço.

Concordo mais uma vez com você. Faz algumas horas que estou aprendendo com todos vocês, na medida em que leio e interatuo, e respondi para um colega seu que fomos, e estas gerações continuam sendo, formados para dar a resposta correta no momento certo. Continua sendo visto como sucesso que tenhamos na ponta da língua a resposta certa para o gabarito, que, logicamente, é uma só. Então, isso é uma reação: a cada pergunta uma única resposta e deve ser essa e nenhuma outra. Enquanto não entendermos que os seres humanos podem chegar a uma mesma resposta por caminhos diferentes e que para cada pergunta possa existir mais de uma resposta, e que talvez, como em nossa profissão, o mais importante sejam as perguntas, e não ter todas as respostas, continuaremos num processo reativo. Devemos começar a ajudar as pessoas a serem proativas... E isso leva seu tempo..., mas sempre se está a tempo! Abraço.

Eu acredito piamente que quando o nosso propósito é o nosso bem, acima dele há um bem maior do que nós mesmos, a espiritualidade. Deus ou o como cada um desejar se identificar, e, de alguma maneira, nos "dá um empurrãozinho" para nos lembrar de agradecer a cada dia pela bela oportunidade de viver e de sermos melhores seres humanos! Você tem muito para ajudar, ensinar... Sua trajetória está começando! Abraço.

Como você mesmo mencionou: já fez... Passado pisado! Agora, é só colocar a bússola para a direção correta e empreender a viagem da sua vida! Abraço.

É bem verdade, porque muitos acreditam numa fé passiva e que não passa de um bom palavreado. Fé é ação, porque Deus manda que oremos, que façamos, que vivamos, que sejamos... E eu entendo que todas essas palavras são ações! Então, ninguém, nem Deus mesmo, fará por mim o que eu não sou capaz de fazer, porque devo me amar o suficiente para me encontrar merecedor de X vida. Mas tenho que demonstrar que sou grato e merecedor! Abraço.

Bibliografia

LUZ, Márcia. *A gratidão transforma a sua vida financeira.* 1 ed. São Paulo: Dvs editora, 2016.

HAY, Louise. *Gratidão: um estilo de vida.* Lisboa: Pergaminho, 2010.

MARQUES, José Roberto. *Superinteligência: neuroplasticidade e aprendizagem acelerativa.* Goiânia: IBC, 2016.

GOLEMAN, Daniel. *Inteligência emocional no trabalho.* Rio de Janeiro: Objetiva, 1997.

REDFIELD, James. *The celestine prophecy.* Nova Iorque: Bantan Books, 1993.